周易으로 세상을 보다

無性 이긴형 편역

들어가는 글

누구나 이유 없이
이 세상에 태어나지 않는다.

봄, 여름, 가을, 겨울
그리고
동틀 무렵 해질 무렵 등
시시각각 변화되는 시공(時空)을
저마다의 인연에 따라
다양한 모습으로 각자의
천명(天命)을 받고 태어나 충실히 살아간다.

때론 그 명(命)을 다하지 못하고
일찍 소멸되어 가기도 한다.
예측할 수 없는 이러한 인연 속에도
일정한 규칙이 있다.

그것이 도(道)이고 비도(非道)이다.

이것을 통찰하고 실천한다면
자신의 내면 속 긍정의 힘을 바탕으로 하여
내 앞에 놓인 여러 일들을 겸허히 받아들이고
슬기롭게 헤쳐 나갈 수 있을 것이다.

이 책을 읽는 이들로 하여금
삶의 질(質)을 결정하는 주체가
내 자신이어야 하고
자신이 결정하는 삶의 근본이
나와 너 그리고 우리가 살아가는 자연에 있음을
큰 주제 한 가지와 작은 주제 여섯 가지로
구성했고 원문의 문구로 보충했음을 밝혀 둔다.

끝으로 이들과 공생공존(共生共存)하는
올바른 식견을 갖춘 지성인으로서
동락(同樂)의 세상을 만들어가길 바라는 바이다.

단기 4354년 양력 11월 29일
강원도 洪川 德潤齋에서 무성 거사 두 손 모음

이 책의 사용법

이 책의 구성요소와 방식은 다음과 같다.

예를 들어 건위천(乾爲天)을
“하늘을 우러러 한 점 부끄러움이 없는 나”로 해석했다.

건위천 원문의 육효(六爻)를
각각 여섯 가지의 작은 주제로 해석했다.

주역 원문으로 해석을 보충했다.

이 책을 읽는 방법은 다음과 같다.

첫째 큰 주제를 먼저 읽고 각각의 괘에 담긴 뜻을 음미한다.

둘째 현재 자신이 처한 상황을 작은 주제 중에서 한 가지를 선택한 후에 그것을 10회 이상 반복해서 소리 내어 읽는다.

셋째 나머지 다섯 가지의 주제도 순서에 구애받지 말고 두 번째 방법과 같이 읽어가며 자신의 의식을 안정시킨다.

넷째 큰 주제와 작은 주제를 모두 읽고 나면 반드시 공책에 직접 그 내용을 글씨로 쓰면서 다시 한 번 새겨본다.

다섯째 각각의 괘를 반복하여 읽고 쓰면서 일상생활 속에서 한 가지씩 적용시킨다.

上經
상 경

飛龍在天

비룡이 하늘에 있다

비룡재천(飛龍在天)

날아오르는 용이 하늘에 있다

01

건위천(乾爲天)

하늘을 우러러 한 점 부끄러움이 없는 나

정정당당함을 생각해 본다
모범이 될 스승의 조언을 듣는다
나의 장점과 단점을 살펴서 겸손해야 한다
치우치지 않는 마음자리의 균형을 유지한다
활기찬 나의 모습이 세상을 밝게 한다
파아란 하늘을 나는 龍이 되었다

牝馬之貞

암말처럼 순하면
이로운 것이니
처음엔 혼미하지만
후에 얻게된다

빈마지정(牝馬之貞)
암말처럼 순하면 이로운 것이니
처음엔 혼미하지만 後에 얻게 된다

02

곤위지(坤爲地)

건강한 땅에서 콩도 팥도 키울 수 있다

있는 그대로의 것만을 본다
나의 밑거름이 무엇인지를 생각한다
진정으로 내가 즐거워할 것을 찾는다
참된 스승을 따르니 부드럽고 여유롭다
농부의 마음으로 때를 기다린다
나에게 맞는 바른 자리를 찾았다

君子舍之
往吝窮也

군자가 멈추고
그만 두는 것은
세상의 情이 인색하고
곤궁해서이다

군자사지왕린궁야(君子舍之往吝窮也)
군자가 멈추고 그만두는 것은
세상의 情이 인색하고 곤궁해서이다

03

수뢰둔(水雷屯)

깊이 생각하고 신중히 행동하라

망설이지 말고 그 즉시 멈춘다
함께 이야기하고 소통하여 이겨낸다
눈치를 보거나 억지로 하지 않는다
생각을 정리하여 마음을 안정시킨다
할 수 있는 것부터 조금씩 실천한다
현명한 스승이 도와서 어려움을 극복한다

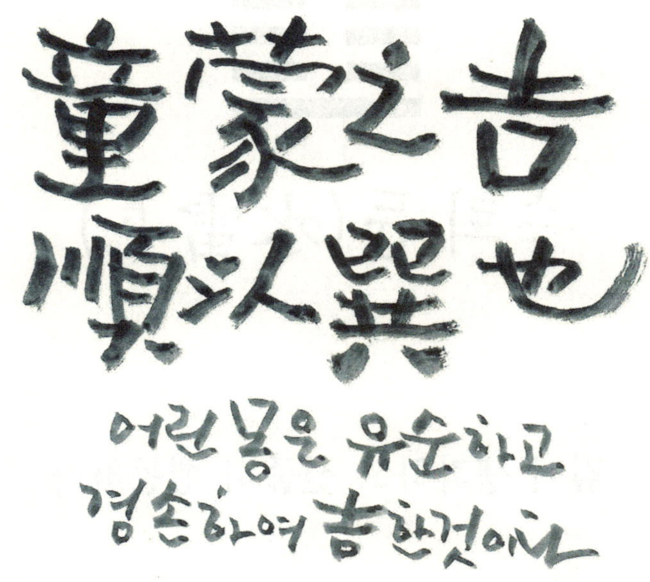

동몽지길순이손야(童蒙之吉順以巽也)

어린 몽은 유순하고 겸손하여 吉한 것이다

04

산수몽(山水蒙)

여린 새싹이 파릇파릇 돋아나다

내 자신을 위해 올바른 배움을 시작한다
경험이 풍부한 스승이 너그럽게 가르친다
아무리 좋다고 하더라도 지나치면 안 된다
나의 진면목을 알리도록 최선을 다해 노력한다
겸손하게 배웠으니 인품의 기초가 튼튼하다
어려움이 오기 전에 미리 대비하는 것이다

敬愼不敗

공경하고 조심하면
패하지 않는다

경신불패(敬愼不敗)

공경하고 조심하면 패하지 않는다

05

수천수(水天需)

지성이면 감천이다

때를 기다리며 내면의 힘을 키운다
의지가 확고하여 흔들리지 않는다
바른 생각과 행동으로 자신의 뜻을 알린다
겸손한 자세로 가르침을 따르면 어려움을 극복한다
여유로운 몸과 마음상태로 기다리면 좋다
지극한 정성과 노력으로 좋은 결과를 얻는다

利見大人

큰 인물을 만나는것이
이로운 일을도모한다

이견대인(利見大人)

큰 인물을 만나는 것이 이로운 일을 도모한다

06

천수송(天水訟)

사이좋게 지내다

서로가 다투면 모두가 힘들어진다
잘못을 인정하고 자신을 올바르게 다듬어라
변치 않는 굳센 믿음이 중요하다
현실을 냉철히 파악하여 안정을 취한다
신중한 자세로 목표를 정하여 전진한다
지혜로운 큰 스승을 만나 허물이 없게 하라

小人勿用
必亂邦也

소인을 쓰지 말라는 것은
반드시 나라를 어지럽히기
때문이다

소인물용필란방야(小人勿用必亂邦也)

소인을 쓰지 말라는 것은

반드시 나라를 어지럽히기 때문이다

07

지수사(地水師)

큰 뜻을 세우자

앞날을 위한 나만의 계획을 세운다
올바른 사람의 생각을 진솔한 자세로 듣는다
지성인이라면 말과 행동을 신중하게 한다
한 번 더 살피고 주변을 정리정돈한다
일에 집중하고 능동적으로 전진한다
꾸밈없는 내 자신을 그대로 바라본다

比之自內
不自失也

돕는 것을 안에서
하게 된다면
잃어버리지 않는다

비지자내불자실야(比之自內不自失也)
돕는 것을 안에서 하게 된다면 잃어버리지 않는다

08

수지비(水地比)

같은 목표를 세운 벗들과 협력하다

진솔한 믿음은 좋은 일의 조짐이 된다
진심을 다해 올바른 행동을 한다
뜻이 바르지 않은 사람을 멀리한다
공명하고 정대하면 모두에게 유익하다
목표를 위해 자신의 바른 생각을 지킨다
신중한 마음자세라면 좋은 벗들이 함께한다

君子征凶
有所疑也

군자가 흉해지는것은
의심하는바가 있기때문이다

군자정흉유소의야(君子征凶有所疑也)

군자가 흉해지는 것은 의심하는 바가 있기 때문이다

09

풍천소축(風天小畜)

산들바람과 쉼 하다

스스로를 의심하는 생각을 떨쳐낸다
적극적으로 사람들과 협동하고 화합한다
때론 잠시 멈추고 휴식을 취한다
진정성 있는 마음자세를 회복한다
겸손한 자세와 침착한 행동으로 서로를 이끈다
때가 무르익을 때까지 천천히 움직여라

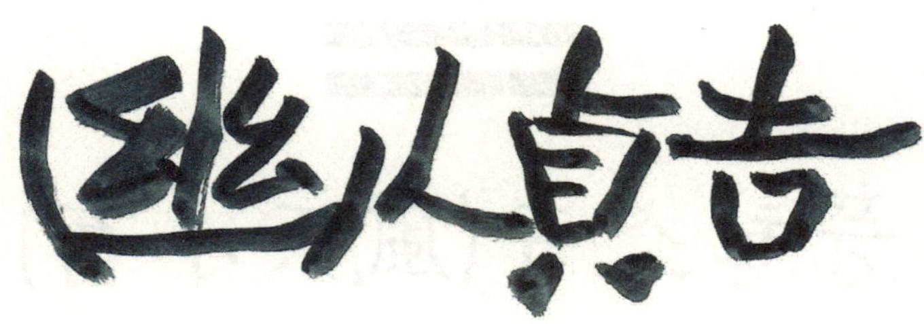

은둔한 선비여야
吉한 것이다

유인정길(幽人貞吉)

올곧은 선비라야 바르고 길한 것이다

10

천택리(天澤履)

잠자는 호랑이 꼬리는 잡지 않는 것이다

바른 몸가짐으로 실천하니 모두가 따른다
따뜻한 마음을 갖추니 모두가 존중한다
다투고 화해하는 것이 어렵다는 것을 알아야 한다
돌다리도 두드리고 건너듯 조심히 행동한다
바르고 당당하면 다투지 않는 것이 좋다
그동안의 일들을 살펴서 미래를 계획한다

得尚于中行

중정의 道를 실천함에
숭상함을 얻을것이다

득상우중행(得尚于中行)

중정의 도를 실천하니 숭상함을 얻는다

11

지천태(地天泰)

화합하고 평화롭고 풍성하다

참된 인품을 갖춘 사람과 도모한다
이해하고 포용하고 배려하고 타협한다
좋은 생각을 실천하면 좋은 결과로 이어진다
급히 서둘지 말고 나의 주변을 살핀다
마음을 비우고 나를 낮추어 겸손히 한다
충고를 겸허히 받아들이고 반성한다

大往小來

큰것은 가고
작은것이 온다

대왕소래(大往小來)

큰 것이 가고 작은 것이 온다

12

천지비(天地否)

자중하고 인내하며 바른길을 찾자

양심을 지켜야 나의 가족도 명예로울 것이다
지치고 힘들면 하던 일을 멈추고 쉼을 갖는다
앞에 나서지 않으니 흔들리지도 않는다
여유를 되찾으면 좀 더 기다릴 수 있다
신중히 생각하고 행동하는 것이 바람직하다
시련과 역경이 끝나고 몸과 마음이 평온하다

同人于野亨

사람과 함께
들에서 일하면 형통하다

동인우야형(同人于野亨)
사람과 함께 들에서 일하여 형통하다

13

천화동인(天火同人)

힘을 합치자

혼자보다는 함께 일을 도모하는 것이다
다양한 의견을 듣고 난 후 결정해도 좋다
도저히 할 수 없는 것은 과감히 멈춘다
자신이 처해 있는 현실을 보고 판단한다
근면하고 성실한 과정이 있어야 결과도 만족스럽다
큰 고비를 슬기롭게 넘겼으니 후회가 없다

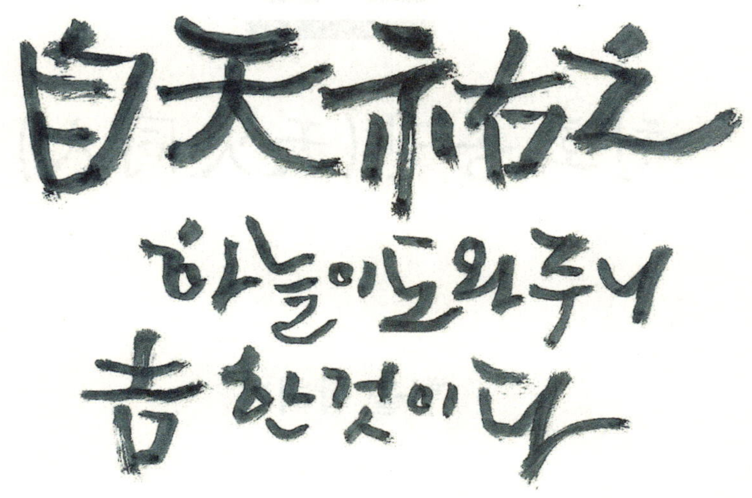

자천우지(自天祐之)

하늘로부터 도움을 받다

14

화천대유(火天大有)

세상을 밝게 비추다

미리 준비하면 마음의 여유가 생긴다
맡은 바 일에 최선을 다하니 세상이 인정한다
솔직담백한 나의 자세가 기준이 될 수 있다
사사로운 욕심은 재앙의 씨앗이 된다
원칙을 지키고 예절로써 포용한다
나보다 어진 사람에게 양보하니 편안하다

卑以自牧

겸손한 군자는
자신을 낮추고
스스로 덕을 기른다

비이자목(卑以自牧)
겸손한 군자는 자신을 낮추고
스스로 덕을 기른다

15

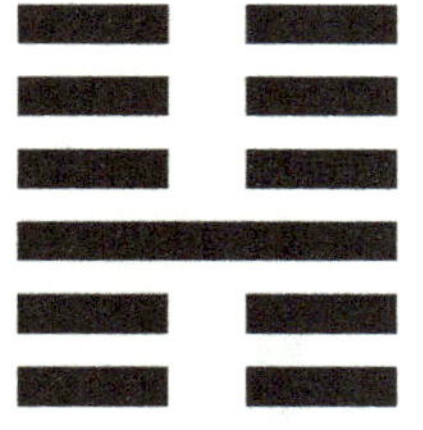

지산겸(地山謙)

잘 익은 벼는 고개를 숙인다

겸손한 자세는 세상 사람들로부터 신망을 받는다
훌륭한 인품을 갖추었으니 명성이 드러난다
큰 공을 이루었는데도 자신을 낮춘다
엄지손가락이 나머지 네 손가락을 감싸듯 포용한다
조금이라도 사사로움을 취하지 않는 군자이다
나를 되돌아보는 시간을 갖는 것은 매우 중요하다

志大行

뜻이 크게
행해진다

지대행(志大行)

뜻이 크게 행해진다

16

뢰지예(雷地豫)

풍요로운 결실을 맺다

말과 행동을 가볍게 해서는 안 된다
자신의 본분을 잘 지키면 해 됨이 없다
나에게 잘못이 있는지 되돌아보자
올곧은 믿음을 실천해야 모든 이가 따르게 된다
참스승과 벗에게 충언을 듣고 때를 기다린다
생각을 바르게 하여 행하면 실패하지 않는다

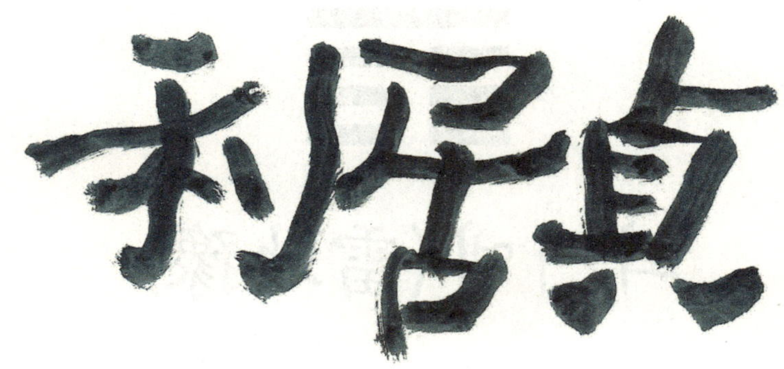

바를곳에
머물러야
유익하다

리거정(利居貞)

바른 곳에 머물러야 유익하다

17

택뢰수(澤雷隨)

지혜롭게 화합하고 협력하다

새롭게 맡은 바에 최선을 다한다
변화된 상황을 냉철히 판단하여 대처한다
흔들리지 말고 나의 본분을 지킨다
사사로운 욕심을 내면 좋은 결과가
이루어지지 않는다
진솔함으로써 서로를 믿고 따르게 한다
사람들이 마음을 모아 힘을 보탠다

幹父之蠱
終无咎也

아비의잘못을
주장하는것은
허물이 없는것이다

간부지고종무구야(幹父之蠱終无咎也)

아비의 잘못을 주장하는 것은 허물이 없다

18

산풍고(山風蠱)

철저한 개혁만이 살길이다

부정부패의 고리를 그 즉시 끊어낸다
개혁을 단행하는 것은 사필귀정의 자세로 해야 한다
단호한 행동만이 그동안의 적폐를 제거할 수 있다
어질고 지혜로운 자에게 도움을 구한다
덕으로써 어려움을 극복하니 명예롭다
맡은 바 임무를 완수하고 자리에서 물러난다

大君之宜
行中之謂也

위대한 임금의 일이란
그 中을 실천하는 것이라
말한다

대군지의행중지위야(大君之宜行中之謂也)
훌륭한 임금의 마땅함이란
중을 실천하는 것을 말한다

19

지택림(地澤臨)

맑고 밝고 상쾌하다

뜻한 바를 바르게 실천하고자 다짐한다
주변으로부터 지지와 협력을 얻는다
항상 주변 정리를 잘해야 유익하다
절제하고 조절하며 지극한 마음을 유지한다
책임자와 협력하여 일을 도모한다
돈독한 덕을 품어서 어짊을 실천한다

임금의 손님을
높이 받드는것이다

상빈야(尚賓也)

임금에게 귀한 대접을 받는다

20

풍지관(風地觀)

센 바람이 불어오니 외출을 삼가다

진실을 알면 부끄러워지고 반성하게 된다
말과 행동을 신중히 해야 바름을 잃지 않는다
지나친 의욕은 다른 이에게 손해를 입히게 될 뿐이다
몸과 마음을 바르게 하여 세상의 빛이 되어간다
교만함을 내려놓으니 참되고 복된 씨가 쌓이게 된다
나의 존재를 제대로 찾았으니 허물이 없다

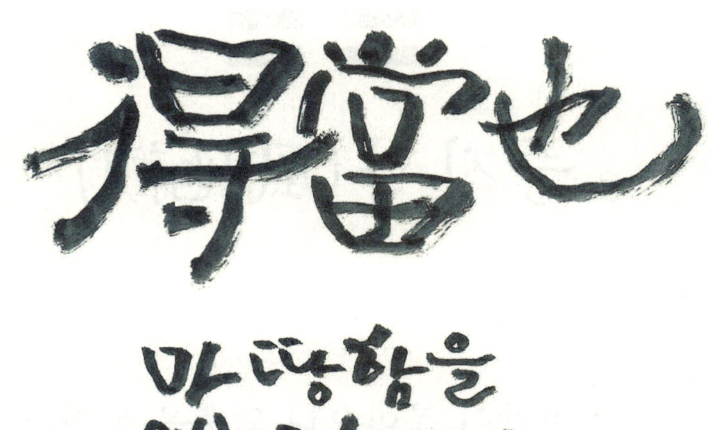

득당야(得當也)

마땅한 것을 얻는 것이다

21

화뢰서합(火雷噬嗑)

잘 골라서 꼭꼭 씹어 먹자

서두르면 안 되니 자중하고 그 위치를 지켜라
정중한 대화와 예절로써 나의 마음을 지킨다
옳지 않은 일에 정정당당함으로 대처한다
나의 참된 뜻을 보였으니 진정으로 신뢰한다
마음이 더욱 밝아지니 올바름을 얻는다
심은 대로 거둘 것이니 겸허하게 실천한다

白賁无咎

소박하게 꾸민다면
허물이 없게 된다

백비무구(白賁无咎)

소박하게 꾸며야 허물이 없다

22

산화비(山火賁)

박수치기 전 떠나라

초심의 자세로 돌아가서 기초를 다진다
새로운 마음가짐으로 부지런히 노력한다
밝은 생각과 올곧은 의지를 유지한다
세밀히 살피고 준비해서 차근차근 일을 도모한다
겸소하고 어진 자의 도움을 받는다
소박한 삶을 지향하는 자세가 참된 것이다

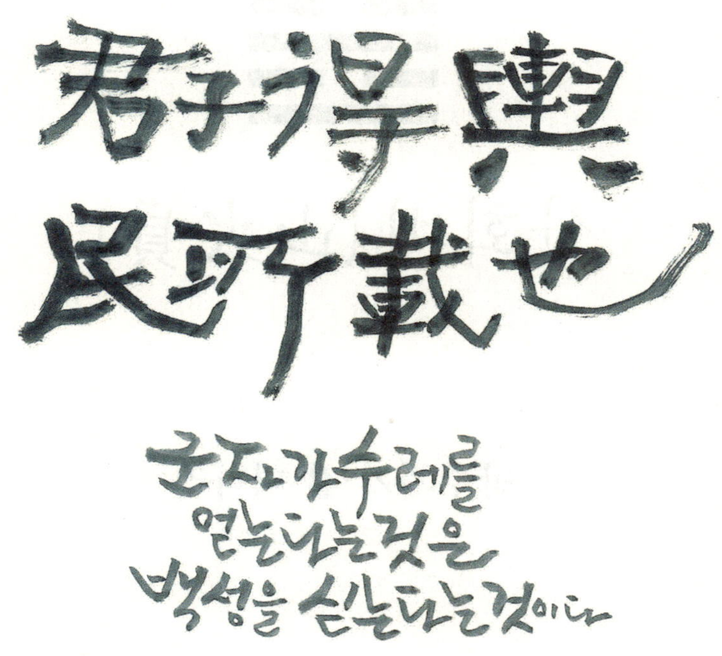

군자득여민소재야(君子得輿民所載也)

군자가 수레를 얻어서 백성을 싣는다

23

산지박(山地剝)

강약을 조화롭게 조절한다

정직함으로 믿지 못하는 현상을 극복한다
중심이 흔들리지 않도록 마음자세를 다시금 정돈한다
겸손한 말과 행동은 믿음을 회복하는 시작이다
절제하고 자숙하며 한발 물러서는 것이 옳은 판단이다
자상한 마음 씀씀이로 훗날 큰 도움을 얻는다
어진 마음으로 세상을 위해 지혜를 베풀어야 한다

用行師
終有大敗

군사를 움직이면
끝내 크게 패하고 만다

용행사종유대패(用行師終有大敗)
군사를 움직이면 끝내 크게 패한다

24

지뢰복(地雷復)

봄이 찾아오니 몸과 마음이 싱그럽다

잘못된 것은 그 즉시 고친다
마음속 어진 성품이 싹을 틔웠다
요동치는 생각은 긍정을 위한 노력이다
나를 안정시키기 위한 행동을 한다
몸과 마음이 점점 윤택해진다
불안한 마음자리는 다툼만이 일어날 뿐이다

不耕獲

밭을 갈지 않고도
거두어들인다

불경획(不耕獲)

밭을 갈지 않고 거두어들인다

25

천뢰무망(天雷无妄)

허공 속 메아리치다

흔들리지 않는 마음 자세는 공정의 힘이 된다
공정한 말과 행동으로 인해 순조롭게 이루어진다
나보다 남을 위해 양보하는 미덕을 실천한다
자신을 갈고 닦는 자세를 반드시 지켜야 한다
지극한 정성이라면 하늘도 감동시킬 수 있다
진실한 사람이 해주는 충고를 받아들인다

以畜其德

지난 성현의 지혜를
배우고 그 덕을 쌓는다

이축기덕(以畜其德)

성현의 지혜로써 그 덕을 쌓는다

26

산천대축(山天大畜)

밀알이 모여 풍성하게 쌓이다

양보하고 한걸음 물러나는 것으로부터 시작한다
조언을 듣고 자숙하며 섬세하고 신중해진다
반복하고 또 반복하여 완성도를 높인다
서로가 이해하고 배려하니 어려운 문제가 풀린다
가장 먼저 해결해야 할 것을 신속히 처리한다
스스로 체득했으니 올곧게 실천하면 형통하다

居貞之吉

바름으로 가면 길해지니
순해져 윗사람을
따르는 것이다

거정지길(居貞之吉)

바른 곳에 살아야 좋다

27

산뢰이(山雷頤)

몸과 마음을 잘 다스리니 건강하다

밝고 맑은 생각을 잃으면 흉하고 악해진다
신중하지 못하면 말과 행동이 천박해진다
중심을 잡지 못한 채 여기저기 기웃거린다
적절한 때를 기다리며 집중하면 그 기회를 잡는다
내실을 견고하게 하여 장차 큰일을 도모한다
돌다리도 두드리며 건너는 것이 안전하다

獨立不懼

군자는 홀로 서도
두렵지 않다

독립불구(獨立不懼)

군자는 홀로 서도 두렵지 않다

28

택풍대과(澤風大過)

변화의 물결은 위기이자 기회이다

가장 먼저 겸손하고 절제하며 삼가는 것이 최선이다
풍부한 경험을 바탕으로 화합하는 것이 유익하다
반목과 다툼은 나의 중심을 심하게 흔들 수 있다
나를 기꺼이 낮추고 협력하면 모든 일이 융성해진다
흥망성쇠가 뜬구름 같은 것임을 깨달아 자중한다
자신이 처한 상황을 냉철하게 되돌아보아야 한다

常德行
習教事

군자는 덕행을
실천하고 가르치는
일을 익힌다

상덕행습교사(常德行習教事)

군자는 덕을 실천하고 가르치는 일을 익힌다

29

감위수(坎爲水)

올바른 마음자세로 어려움을 극복한다

정신을 가다듬고 눈에 닥친 현실을 살펴라
안분지족의 자세를 지켜야 다음을 기약한다
허세를 부리다 보면 깊은 구덩이에 빠지게 된다
진실한 마음으로 실천하는 것이 최선의 방법이다
배움의 덕을 쌓아서 나의 부족한 것을 보충한다
잘못된 생각을 버리고 몸과 마음을 닦는다

王用出征
以正邦也

왕이 직접 나가서
정벌하는 것은
나라를 바르게 하는
일이다

왕용출정이정방야(王用出征以正邦也)
왕이 나가서 정벌하여서 나라를 바르게 한다

30

이위화(離爲火)

떠나려고 한 자와 붙잡으려고 한 자

현재의 상황을 벗어나 바른 곳에서 머무른다
학덕과 인품을 갖춘 자와 함께 도모한다
오늘보다 나은 내일을 위한 기다림의 시간을 갖는다
조급한 생각보다는 여유로운 마음가짐이 필요하다
나부터 솔선수범하고 주변을 아끼고 사랑한다
잘못된 것을 그 즉시 고치고 바른 것을 되찾는다

下經
하 경

허수인(虛受人)

마음을 비우고 그 사람을 받아들인다

31

택산함(澤山咸)

서로의 마음을 나누니 따뜻하다

차근차근 서로의 마음을 알아간다
조급함은 실수의 원인 되니 정중히 대한다
자신을 낮추고 본분을 지켜야 올곧음을 실천한다
사사롭게 한쪽으로 치우치게 되면 바람직하지 않다
큰 뜻을 품고 위에서부터 아래까지 모두 포용한다
지극한 노력으로 최선을 다하는 과정이 아름답다

田无禽

사냥에 나설지라도
날짐승이 밭과 들에 없는데
어찌 잡을수 있으리오

전무금(田无禽)

밭에 날짐승이 없는데도 사냥한다

32

뇌풍항(雷風恒)

한결 같이 비추이는 해와 달이 되다

성실히 실천하면 바라지 않아도 주변에서 돕는다
양명한 마음자세를 갖추면 반드시 올바름을 회복한다
경솔하여 덕을 잃으면 부끄러운 일이 일어난다
그 자리가 바르지 않으면 그 즉시 옮겨야 한다
겸손과 양보로써 각자의 위치를 잘 지킨다
조급한 마음자리는 바른 덕을 무너뜨릴 뿐이다

無所疑也

의심할것이없다

무소의야(無所疑也)

의심할 바가 없는 것이다

33

천산돈(天山遯)

산과 들에서 쉼을 즐기다

먼저 내려놓고 먼저 쉼터를 찾아 그곳에 머문다
굳건한 뜻을 가졌으니 견고함에 변함이 없다
부득이 머무르니 나를 낮추어 겸손한 자세를 지킨다
정확한 판단으로 과감히 끊어내는 것을 결정한다
올곧은 덕으로 뜻을 바르게 하면 나아가고
물러남도 바르다
중심을 곧고 바르게 하니 앞날에 의심할 바가
있겠는가

小人用壯
君子罔也

소인은 씩씩함을
사용하고 군자는
없는듯한다

소인용장군자망야(小人用壯君子罔也)

소인은 씩씩함만을 쓰고

군자는 그럴 뜻이 없는 듯이 한다

34

뇌천대장(雷天大壯)

천둥의 울림은 크고 모양은 없다

충분히 살펴서 힘의 강약을 조절한다
강유(剛柔)를 모두 갖추었으니 덕으로 바르게
실천한다
힘만을 믿지 말고 모든 상황을 잘 살펴서
따르게 한다
참되고 성실하니 평탄한 길을 올라탄다
넉넉하고 여유로운 안목을 갖추어 화합시킨다
강한 것은 진퇴양난의 함정에 빠지니
부드러워져야 한다

裕无咎

넉넉하면허물이없다

유무구(裕无咎)

넉넉하고 여유로우니 허물이 없다

35

화지진(火地晉)

존중하고 화합하여 세상을 밝게 비추다

현재의 위치를 유지하고 인내하며 기초를 다듬는다
올바른 덕을 실천하면 근심걱정도 사라진다
잘 이끌게 되면 위아래 모두에게 후회할 일이 없다
사사롭게 얻었다면 곧바로 위태하게 됨이라
공정하게 실천하니 모두가 따르게 되어 명예롭다
모든 일은 자신을 갈고 닦음으로 시작됨을 잊지 않는다

用晦而明

군자는 백성의
어두운 곳을 밝힌다

용회이명(用晦而明)

백성의 가리워진 그늘을 밝게 해준다

36

지화명이(地火明夷)

흔들림 없이 올곧은 마음자리를 지켜내다

동쪽의 숲속에서 시원하고 맑은 바람을 즐기다
어려움이 오기 전에 미리 물러나야 한다
때가 될 때까지 진중한 자세로 힘을 기른다
어떤 문제가 발생하기 전에 멈추고 휴식을 취한다
반드시 올바른 마음가짐으로 중심을 지켜내야 한다
아무리 왕성하더라도 겨울이 되면 땅으로
들어가게 된다

富家大吉
順在位也

집을 부자 되게 만들어
크게 길한 것은 순하게
그 자리에 있는 것이다

부가대길순재위야(富家大吉順在位也)
집을 부유하게 하는 것은 그 자리에서
순응하는 것이다

37

풍화가인(風火家人)

집안이 화평하니 모든 일이 순조롭다

기초를 튼튼히 하여 바르고 곧게 한다
가족 모두가 공경의 예절을 실천한다
무엇이든 지나친 것은 좋지 않으니 적당히 한다
올바르게 받들어 따르니 세상의 기준이 된다
정중한 덕을 갖추었고 굳건하니 믿음이 변치 않는다
구성원 모두가 바름을 실천했을 때 좋은 결과를 이룬다

未失道也

군자는 道를
잃지 않는다

미실도야(未失道也)

그 도를 잃지 않는다

38

화택규(火澤睽)

목표는 하나로 똑같다

불편하더라도 직접 만나서 그 즉시 풀어내야 한다
오해라는 문제는 진솔한 말과 행동만이 해결할 수 있다
언짢고 속상하지만 중심을 지켜 올바르게
마무리를 한다
참된 생각을 하는 벗을 가까이하고 의지한다
최선을 다해 노력하면 믿음을 회복하여 모두가 좋다
처음엔 의심했지만 진실을 알게 되고 나니 화합한다

反身修德

자신을 되돌아보고
참된 德을 닦는다

반신수덕(反身修德)

자신을 돌이켜 참되고 진솔한 덕을 닦는다

39

수산건(水山蹇)

산길에서 차가운 비를 만나다

자신의 마음자리를 양명한 지혜로써 갈고 닦는다
최선을 다했으니 격려의 박수를 보낸다
현재의 위치에서 주변과 협력하여 관계를 돈독히 한다
상황이 어려울수록 마음자리의 올바름을 굳건히 한다
뜻이 깊고 진중한 스승의 가르침을 구한다
융합과 조화로움으로 마침내 좋은 결과를 이뤄낸다

義无咎也

의리가 있으면
허물됨이 없다

의무구야(義无咎也)

의를 갖추어야 허물된 일이 없다

40

뇌수해(雷水解)

이른 봄 산속 얼음이 녹아내리다

어려움이 해결될 때는 봄의 눈이 녹듯이 한다
아첨과 아부를 멀리하고 몸가짐을 바르게 한다
자신의 능력에 맞지 않으면 물러서서 양보하는 것이다
윗사람의 덕망을 보고 나의 모습을 살펴본다
오직 선량한 덕(德)을 실천하여 세상의 귀감이 된다
풍부한 경험이 바탕이 되어 올바름이 혼란함을
가라앉힌다

懲忿窒欲

군자는 화내지 않고
욕심내지 않는다

징분질욕(懲忿窒欲)

화내지 않고 욕심도 내지 않는다

41

산택손(山澤損)

산속의 연못이 나무와 풀을 기르다

티끌 모아 태산을 이루듯 작은 것이 큰 것의 근본이다
강직한 마음자세로 흔들림 없이 일을 헤쳐 나간다
지나친 것은 덜어내고 부족한 것은 채워간다
몸과 마음은 건강하고 윤택하게 하는 것이다
좋은 인품과 밝은 생각을 갖추어 세상의 중심이 된다
넉넉한 마음으로 나누고 베푸니 모두가 즐겁다

見善則遷
有過則改

군자는 선을 보면
곧바로 실천하고
허물이 있으면
그 즉시 고친다

견선즉천유과즉개(見善則遷有過則改)
선을 보면 그 즉시 실천하고
허물이 있어도 그 즉시 고친다

42

풍뢰익(風雷益)

어질고 성실함으로 참된 것을 얻다

올바른 의식을 갖추었으니 믿음이 충만하다
뜻을 함께하여 안정적으로 일을 도모한다
부득이 먼저 행하더라도 바름을 유지한다
다양한 의견을 경청하여 다수의 뜻을 따른다
겸손한 자세로 실천하니 믿음이 더욱 굳건하다
한순간의 실수는 올바른 판단을 놓쳤기 때문이다

有戎勿恤
得中道也

다툼이 있어도
근심하지 말라
中道를 얻는것이다

유흉물휼득중도야(有戎勿恤得中道也)

싸움이 일어나도 걱정하지 말라 중도를 얻는 것이다

43

택천쾌(澤天夬)

사사로운 것은 나를 해치는 것이다

감정에 휘둘리지 말고 냉철히 한다
철저하고 세밀히 준비하여 대비한다
결정을 내릴 때는 세 번 깊이 생각한 후에 한다
마음자리가 불안하면 스스로 결단하지 않는다
공정한 판단을 할 땐 사적인 감정을 없앤다
옳은 것을 반드시 지키고 실천하면 허물이 없다

繫于金泥貞吉

쇠말뚝에 매면

바르게 하는 것이 吉하다

계우금니정길(繫于金泥貞吉)

단단한 쇠말뚝에 매어두니 바르고 길하다

44

천풍구(天風姤)

좋은 생각으로 좋은 결실을 맺자

작은 것이라도 나쁜 생각은 하지 않는다
욕심은 금물이니 자제하고 양보한다
겸손한 자세로 큰 실수를 범하지 않는다
혹시라도 나쁜 생각을 하면 훗날 큰 허물이 된다
중심을 확고하게 지키고 지혜와 덕을 베푼다
강하고 거친 것보다는 부드럽고 따뜻하게 대한다

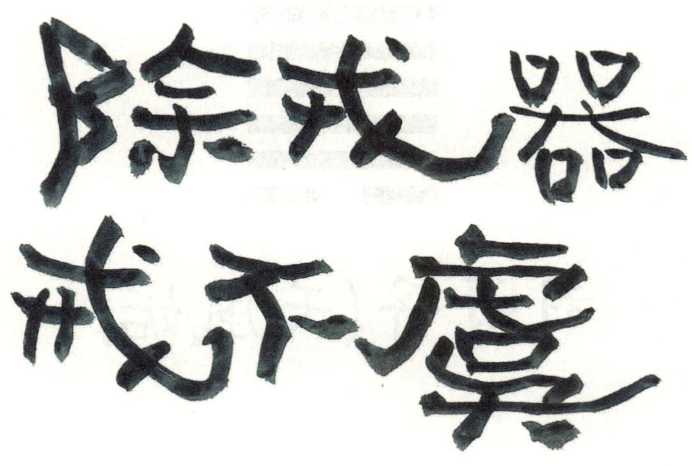

제융기계불우(除戎器戒不虞)

어진 군자는 병기를 정비하여

만일의 사태를 대비한다

45

택지췌(澤地萃)

한 방울의 물이 모여 바다를 이루다

몸가짐을 바르게 하여 일을 하니 진솔하다
중정한 덕을 갖춘 자와 뜻을 모아 함께한다
충분한 충고와 조언을 듣고 행동한다
너그러운 마음과 겸손한 자세로 믿음을 얻는다
스스로를 되돌아보면서 갈고 닦으며 바르게 행동한다
때가 다할 땐 아쉬움이 남지 않도록 마무리를 잘한다

積小以高大

작은것을 쌓아서
높고 크게 한다

적소이고대(積小以高大)
작은 것이 쌓여서 높고 크다

46

지풍승(地風升)

농부가 씨앗을 뿌리고 싹을 틔우다

위와 아래가 모두 한마음 한뜻으로 다가선다
형식과 절차보다는 융통성을 발휘하여 소통한다
강건한 올곧음으로 너그럽고 여유롭다
참되고 성실한 자세는 모두에게 귀감이 된다
모든 준비가 갖추어졌더라도 겸손함을 잃지 않는다
가득 차고 넘치는 것보다 부족한 듯 모자란 것이 좋다

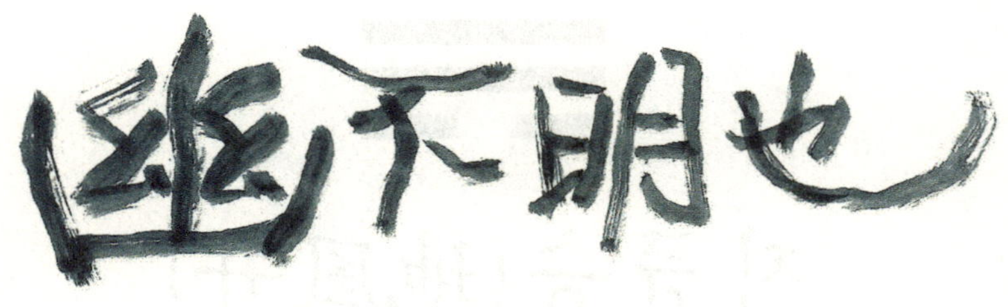

어두워져서
밝지 못한것이다

유불명야(幽不明也)

어둑어둑하여 밝지는 못한 것이다

47

택수곤(澤水困)

꾸준히 준비하여 실력을 갖춘다

한발 양보하여 분수를 지키는 것이 현명하다
몸과 마음을 추스르며 배움에 힘쓰며 때를 기다린다
어려움이 찾아오면 반드시 스승의 지혜를 구한다
자신감을 회복하고 진중한 자세로 전진하여 돌파한다
성실히 행동하면 진실함으로 소통하게 된다
자신의 문제점을 냉철히 파악하고 반성하여
위기를 극복한다

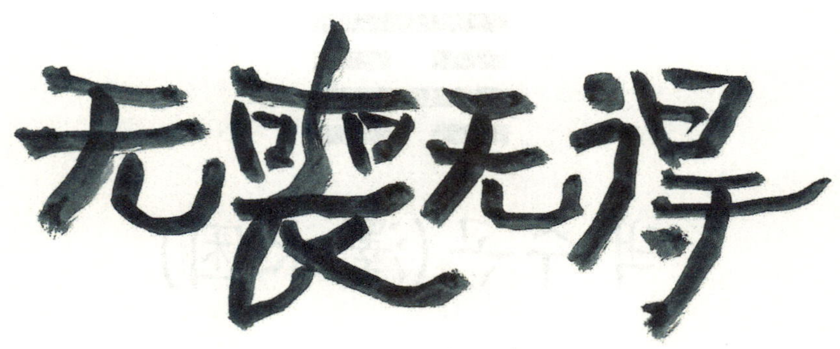

무상무득(无喪无得)

잃을 것도 없고 얻은 것도 없다

48

수풍정(水風井)

한마음으로 정진하다

다시 시작하는 마음자세로 겸손하고 착실히 한다
그동안의 잘잘못을 반드시 살펴서 교훈으로 삼는다
몸소 실천하고 노력하면 진심이 알려지게 된다
실수하지 않도록 자신의 마음을 살피고 또 살핀다
몸과 마음을 잘 다스려서 맑은 의식을 되찾는다
나누고 베풀며 더불어 함께하는 세상을 만든다

其文蔚也
順以從君也

군자는 그 문채가 빛나고
소인은 순해서 임금을 따르다

기문울야순이종군야(其文蔚也順以從君也)

군자는 문채가 빛나고 소인은 순순히 임금을 따른다

49

택화혁(澤火革)

단호하고 과감한 개혁으로 올바르게 하다

무엇이 잘못되었는지부터 파악하고 그것들을
정리한다
주변의 충고와 격려를 진심으로 받아들인다
깊이 생각하고 냉철히 판단하여 개혁할 것을 결정한다
모든 여건이 갖추어졌고 세상도 새로운 변화를 원한다
정중하면서도 한 치의 오차 없이 단행하니 돋보인다
덕을 갖춘 자는 후덕하고 어리석은 자는 교만하다

正位凝命

군자는 자리를 바르게
한 후에 천명을 실천한다

정위응명(正位凝命)
그 자리를 바르게 하여 천명을 실천한다

50

화풍정(火風鼎)

밝고 총명한 인재들이 모이다

뜻하지 않았던 일이 오히려 좋은 일의 시작이 된다
위로는 신임을 얻고 아래로는 어려움을 해결한다
뛰어난 재능과 참된 인품을 겸비하여 그 뜻을 편다
사사로운 욕심을 갖게 되면 모든 일을 망치게 된다
곧은 심성과 바른 몸가짐에 굳건한 의지가 필요하다
단호함과 너그러움을 융합하여 소통과 화합을 이룬다

恐懼修省

군자는 두려운
심정으로 자신을
갈고 닦으며
반성한다

공구수성(恐懼修省)

두려운 심정으로 갈고 닦으며 반성한다

51

진위뢰(震爲雷)

하늘과 땅이 천둥으로 진동하다

지난날의 일들을 면밀히 살펴서 마음속 경계로 삼는다
모든 일은 그 중심을 잘 잡아야 흔들림이 없다
양심을 지키지 않으면 하늘을 향해 수치스러울 뿐이다
하던 일을 멈추고 새로운 계획도 중단한다
치우치지 않는 평정심을 유지하여 본분을 지킨다
혼자보다는 주변의 도움과 협력으로 능히 극복한다

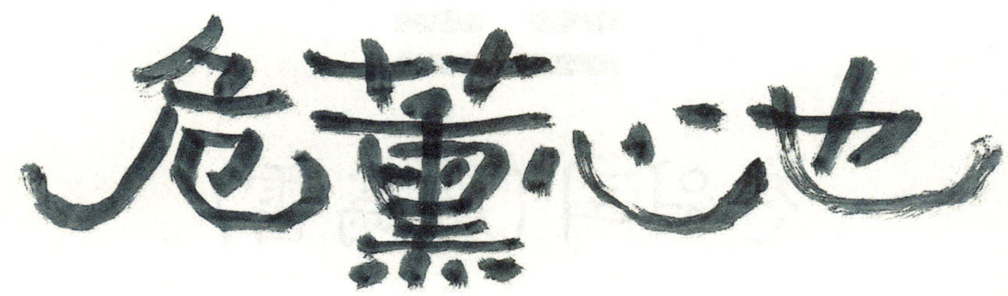

위태롭기 때문에
마음을 졸이게 된다

위훈심야(危薰心也)

마음이 조급해지고 답답하니 위태롭다

52

간위산(艮爲山)

깊은 산속에서 그윽한 꽃향기 피어오르다

멈춰야 할 때를 알아서 멈춰야 올바른 것이다
소통이 원활하지 않으니 먼저 물러나는 것이다
등이 휠 정도로 힘들지만 올바른 중심을 지킨다
몸은 지치고 피곤하지만 마음속 갈등이 해소된다
흔들림 없는 마음자세를 지키니 모든 것이 바르다
겸손함과 온후한 성품으로 유종의 미를 거둔다

居賢德善俗

어진 덕에 거하며
풍속을 선하게 한다

거현덕선속(居賢德善俗)
어진 덕성을 갖추어서 세상의 풍속을 선하게 한다

53

풍산점(風山漸)

산 위에 봄바람이 불어오다

한 걸음 한 걸음 천천히 내딛는다
정중한 덕을 갖추어서 윗사람과 호응한다
겸손한 자세로 본분을 지키니 능력까지 돋보인다
자리가 불안정하지만 올바른 마음자세를 유지한다
모든 일은 반드시 본래 자리로 되돌아가게 된다
기초부터 착실히 닦았기에 어디서든 실력이 뛰어나다

未變常也

그 떳떳함이
변하지 않는다

미변상야(未變常也)

그 이치는 변하지 않는다

54

뇌택귀매(雷澤歸妹)

때가 무르익기도 전에 기뻐하다

앞에 나서지 말고 윗사람의 뜻에 따른다
바른 몸가짐으로 무게감 있게 덕을 실천한다
조급하게 서둘지 말고 말과 행동을 신중히 한다
여유로운 마음자세를 갖추고 좋은 때를 기다린다
올바른 몸과 마음가짐으로 세상을 대하는 것이 좋다
어질고 밝은 생각으로 본분을 지키며 마무리한다

信以發志也

믿음으로써 그뜻을
나타내는것이다

신이발지야(信以發志也)

진실한 믿음으로써 그 뜻을 나타낸다

55

뇌화풍(雷火豊)

밝은 울림이 세상을 맑고 풍요롭게 하다

서로 돕고 의리를 지켜 착실히 믿음을 쌓아간다
정직한 말과 성실한 행동은 서로를 돈독히 한다
자만하여 함부로 행동하면 돌이킬 수 없는 상처가 된다
바른 덕을 갖춘 자와 믿음을 굳건히 한다
뛰어난 인재들이 서로를 믿고 새바람을 일으킨다
사사로운 욕심을 버리고 나누고 베풀어 세상을
밝게 한다

明愼用刑

형벌을 집행함에
삼가 밝힘을 신중히 한다

명신용형(明愼用刑)

형벌을 시행할 때 명확하고 신중히 하라

56

화산려(火山旅)

무작정 떠나는 나그네의 여행길

굳건한 의지를 지켜야 어려움에 빠지지 않는다
머무를 곳을 정하여 일찌감치 휴식을 취한다
거칠고 교만하게 행동하면 모든 것을 잃게 된다
뜻은 좋으나 그 때가 아직 적절치 않으니 기다린다
올곧은 덕을 실천하니 명예가 높아진다
신중히 생각하고 결정하는 것이 공정하다

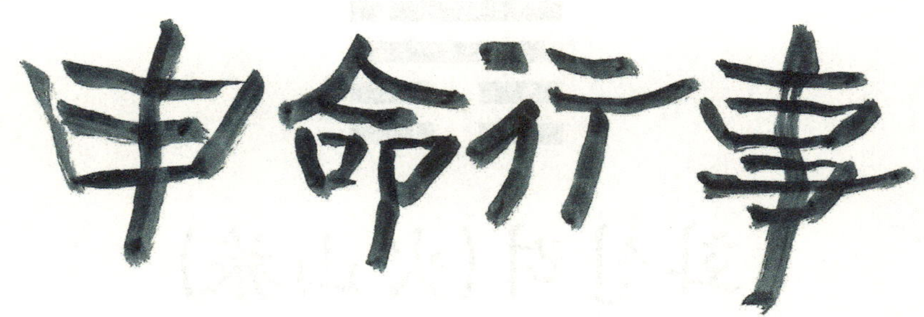

군자는 천명의 일을
거듭 실천한다

신명행사(申命行事)

천명의 일을 거듭 행동으로 옮긴다

57

손위풍(巽爲風)

이끌어주고 밀어주다

굳건한 의지는 강력한 믿음의 신호이다
겸손함을 바탕으로 성실히 행동한다
잘난 체하는 순간부터 실수를 반복한다
손윗사람의 뜻을 잘 따라서 일을 도모한다
올바른 생각을 품었기에 좋은 사람들과 함께한다
지나치게 낮추면 겸손함의 근본을 잃어버린다

行未疑也

실천함에
의심할 바가 없다

행미의야(行未疑也)
실천함에 의심하지 않는다

58

태위택(兌爲澤)

큰 연못의 물이 즐겁게 출렁이다

진실로 기쁜 마음으로 행하니 의심하지 않는다
화합하고 조화롭되 한쪽으로 휩쓸리지 않는다
억지로 기뻐하는 것은 내 자신을 속이는 것이다
옳고 그름을 정확히 판단하여 결정하는 것이 맞다
신중하고 냉철함으로 방심하는 태도를 고친다
기분 좋게 시작하여 마무리도 깔끔히 한다

正位也

자리를 바로
잡는것이다

정위야(正位也)

자리를 바르게 한다

59

풍수환(風水渙)

물 위에 배를 띄우고 바람을 타다

부드러운 마음자세로 순응하고 따른다
간절히 기도하는 마음으로 서로 돕고 협력한다
내 자신을 되돌아보고 몸과 마음을 정돈한다
올바른 뜻을 함께 도모하니 큰 결과를 이룬다
주변정리를 하고 뒷마무리도 성실히 한다
진중하고 무게감 있는 행동으로 겸손히 한다

失時極也

그 때를 잃음이 극에
달했으니 덕행을 議하라

실시극야(失時極也)

그 때를 잃음이 극에 이르렀다

60

수택절(水澤節)

지혜의 물로써 그 때에 맞게 조절하다

오고 가는 것을 먼저 알고 스스로 순서를 정한다
반드시 결단을 내리고 절도 있게 행동한다
나부터 욕심을 버리고 절제하여 조절한다
올바른 덕을 갖추었으니 모든 일이 순조롭다
강력한 의지와 겸손함으로 예절이 잘 지켜진다
다시 처음부터 시작하는 마음자리로 되새긴다

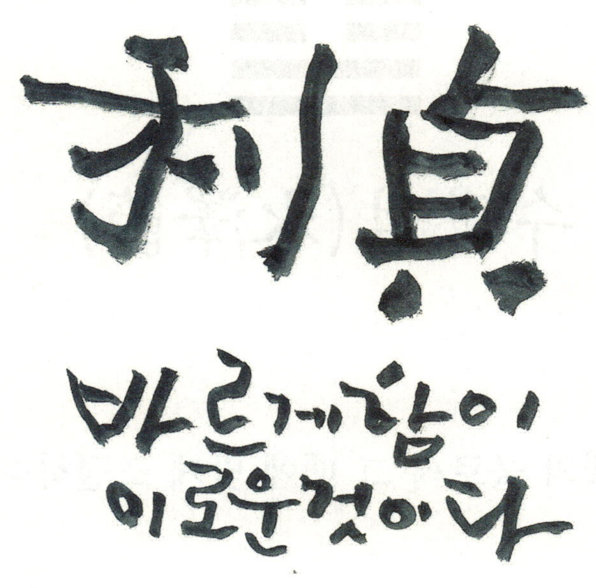

이정(利貞)

올곧은 바름이 이롭다

61

풍택중부(風澤中孚)

연못 위로 실바람이 보드랍게 불어온다

공명정대하게 행동하고 욕심을 멀리한다
진실하고 성실한 덕으로 서로가 호응한다
신중하지 못하면 우왕좌왕하여 불안해진다
올바른 마음자세로 사사로움을 끊어낸다
치우치지 않는 말과 행동이 믿음의 근본이다
아무리 좋은 것이라도 지나치면 독이 된다

密雲不雨

구름이 가득하지만
비는 내리지 않는다

밀운불우(密雲不雨)

구름은 가득한데 비는 내리지 않는다

62

뇌산소과(雷山小過)

한걸음씩 천천히 내딛는다

익숙해질 때까지 완벽하게 반복하여 익힌다
중정한 덕을 실천하고 베풀며 본분을 지킨다
자만하여 대책을 준비해두지 않으면 크게 실수한다
능력이 뛰어난 자는 언제나 부드럽고 겸손한 것이다
뜻을 이루기 위해서는 주변을 살피며 조절한다
때가 되었으니 스스로 먼저 자리를 떠나는 것이다

思患而豫防之

어려울것을 생각하여
미리 방책을 갖추어라

사환이예방지(思患而豫防之)

어려울 것을 생각하여 미리 대책을 준비하다

63

수화기제(水火旣濟)

모든 것이 제자리를 되찾다

앞으로 나아가기 전에 반드시 자신의 위치를 살핀다
변치 않는 마음자세로 사사로운 것에 현혹되지
않는다
큰일을 도모함에 철저히 준비하고 옹졸한 자는 안 쓴다
작은 것이라도 세심하게 살피고 가볍게 두어서는
안 된다
모든 일은 심사숙고하는 자세로 정성을 다해야 한다
조급하여 경솔히 행동하면 그동안의 일들이
헛되게 된다

濡其尾无攸利

어린 여우가 물을 거의
건넜으나 그 꼬리를 적셨기에
결코 이롭지 않다

유기미무유리(濡其尾无攸利)
어린 여우가 물을 건너다가 꼬리를
적시고 말았으니 이로울 것이 없어졌다

64

화수미제(火水未濟)

모든 것이 제자리를 잃어버리다

나아갈 수 없음을 직시하고 현재의 위치를 지킨다
자신의 본분에 맞게 행동하며 올바른 덕을 지킨다
어려움은 함께 힘을 모으고 협력해서 극복하는 것이다
참된 뜻을 지닌 자를 따라 중정의 자세를 유지한다
사사로운 마음을 내려놓고 당면한 과제를 해결한다
즐거움이란 항상 서로에게 지나침과 무례함을
경계한다

참고문헌

周易人生決策指南 中國社會科學出版社

大山 周易講解 上經 金碩鎭 도서출판 대유

大山 周易講解 下經 金碩鎭 도서출판 대유

周易禪解第一卷 도서출판 教林

周易禪解第二卷 도서출판 教林

周易禪解第三卷 도서출판 教林

周易 希望의 문을 열다 金雲山 著 대경인쇄소출판부

閱易神書 김기덕 대흥출판사

하늘의 뜻을 묻다 이기동 열림원

쉽게 풀어쓴 주역풀이 주역풀이연구회 일문서적

六爻總秘典 秋松鶴 生活文化社

漢韓大字典 民衆書林

大學, 中庸, 孟子, 論語, 道德經

도덕경과 함께하는 오늘 전나무숲

공자가 들려주는 지혜 도서출판 도반

108가지 마음 찾기 도서출판 도반

작가 소개 _ 無性 李民炯 무성 이민형

채비움 서당 훈장
동국대학교 문화예술대학원 불교미술학과 졸업
한국미술협회 회원(서예분과)
관악현대미술대전 초대작가(현)
㈜ 글로우웨일 자문위원
(사)공동육아와 공동체교육 자문위원(현)

수상 및 전시
대한민국미술대전(미협) 특선, 입선
원각서예문인화대전 대상
탄허선서함양 전국휘호대회 대상 외 다수
초대전 및 개인전 14회

방송 및 언론
OBS「오늘은 경인세상」KBS「세상의 아침」/ KBS 라디오「오늘아침1라디오」/ MBC「다큐멘터리 출가」/ 강서TV「예절을 배우는 아이들」/ 마포FM「송덕호의 마포 속으로」/ 세계일보「편완식이 만난 사람」한계레신문사「사람」외 다 수

강연
글로우웨일 임원진 인문학 강의
공동육아와 공동체교육 교사 인문학 강의
서울 성서초등학교 교사 인문학 강의 외 다수

기고
불교저널「성미산이야기 /자연생태」연재

저서
『맑은 마음으로 읽는 계몽편』『공자가 들려주는 지혜』『훈장님과 함께 읽는 천자문』『도덕경과 함께 하는 오늘』
『부모가 함께 읽는 사자소학』『성미산 이야기』『108가지 마음 찾기』『내가 읽고 따라 쓰는 사자소학』『성미산 이야기 2 – 산애화담』
『따라쓰는 천자문』『주역으로 세상을 보다』

현재
서울 마포구 성산동에서 동양고전 인문학 강의를 하고 해마다 시(詩) 서(書) 화(畵) 사진(寫眞) 저술(著述) 활동을 하고 있다.

周易으로 세상을 보다

編譯　　무성 이민형

펴낸곳　　도서출판 도반
펴낸이　　이상미
편집　　김광호, 이상미, 최명숙
대표전화　　031-465-1285
이메일　　dobanbooks@naver.com
주소　　경기도 안양시 만안구 안양로 332번길 32
홈페이지　　http://dobanbooks.co.kr